공화국
요리사

공화국 요리사

혁명의 시대, 계몽의 감자

번역 및 해제 황종욱

따비

LA CUISINIÈRE RÉPUBLICAINE,

Qui enseigne la manière simple d'accomoder les Pommes de terre; avec quelques avis sur les soins nécessaires pour les conserver.

A PARIS.

Chez MÉRIGOT jeune, Libraire, quai des Augustins, N.° 38.

L'AN III.e DE LA RÉPUBLIQUE.

공화국 요리사

La cuisinière républicaine

감자를 조리하는 간단한 방법들과 함께
그 보존에 필요한 방식에 대한 몇 가지 제안

파리

죈 메리고 서점[1]

오귀스탱가 38번

공화국 3년[2]

---

1 메리고 가家는 18세기에 출판사를 운영한 가문이다. 정육점 주인의 아들이었던 프랑수아 가브리엘 메리고(일명 '아버지' 메리고)가 처음으로 출판사를 열었다. 그의 둘째 아들 장 가브리엘 메리고가 이 책을 출판한 '죈Jeune(젊은) 메리고'이다. 죈 메리고는 혁명 전 왕으로부터 출판인 인가를 받아 외교부의 전속 인쇄인으로 활동했고, 혁명 이후에도 이 책을 비롯하여 다양한 도록과 출판물을 내며 성업했다. 오귀스탱가는 오늘날의 그랑 조귀스탱가로 센 강 좌안의 생미셸 다리와 퐁뇌프 다리 사이의 강변로이다. 18세기부터 다양한 출판사, 인쇄소들이 성업했다.

2 1793년 9월 20일 국민공회Convention Nationale는 왕정을 폐지하고 공화정을 수립한 날인 1792년 9월 22일을 원년 제1일로 삼고 일주일을 10일로 나누는 공화력을 채택했다. 공화국 3년은 1794년 9월 22일부터 1795년 9월 22일까지다.

17세기 프랑스 판화가 이스라엘 실베스트르Israël Silvestre의 판화 〈오귀스탱가와 생 미셸 다리의 풍경Veüe du quai des Augustins, et du Pont St Michel〉(1658).

…, et du Pont S.t Michel .

…el siluestre 1658 .

차례

일러두기

— 본문의 이해를 돕기 위해 옮긴이가 부연 설명한 내용은 [ ]로 표기하였으며, 이 책에 있는 모든 각주는 옮긴이가 단 것이다.

— 각주 중 굵은 글씨로 표시된 부분은 Le Dictionnaire de l'Académie françoise (5e édition, Paris, 1798)를 참고한 내용이다.

들어가며

그 단순성과 경제성으로 말미암아 감자를 요리하는 방식을 펴내기로 결정한바, 출판인은 감자 전분이 제과에 있어 갖는 우월성이나 만들 수 있는 무한한 수의 라구ragoût[1]에 대해서 이야기하는 것이 필요하지 않다고 본다. 대신 간단하고도 쉽게 감자를 소비하는 방식을 확장하는 것이 이 책의 목적이니, 출판인이 모르는 방식을 알고 있는 분들께는 그것들을 알려주시기를 청한다.

감자가 모렐-트뤼프Morelle-truffe[2]의 덩이줄기임은 모르는 이가 없다. 이 식물을 돼지감자topinambour[3]와 헷갈려서는 안 될 일이다. 후자는 그 자체로 먹는 것이지 감자처럼 식재료로 쓸 수는 없다.[4] 식물계에서 감자보다 영양가가 많으면서도 편리하고 사치스럽지 않은 종은 없다. 감자는 가볍고, 잠이 잘 오게 하며, 괴혈병 퇴치에 탁월하다. 아이들이 감자를 게걸스럽게 먹는 모습만 보아도 이 음식이 우리의 체질에 잘 들어맞음은 자명하다. 감자는 튼튼한 아이들에게 만큼이나 가장 허약한 아이들에게도 효과가 좋다. 앙팡트루베Enfans-Trouvés 고아원에서 행해진 실험[5]은 감자가루farine 또는 전분fécule[6]으로 만든 암죽에 대한 선호를 의심할 수 없게 한다. 우유나 소금이나 설탕을 조금 탄 물에 감자가루 2온스[약 61그램][7]

를 녹인 것이 젖을 떼는 어린아이에게 하루 동안 필요한 영양분을 함유하고 있을 뿐만 아니라, 일반적으로 쓰이기는 하지만 독성이 있기 쉬운 밀가루 암죽보다 무한히 나음은 여러 차례 증명되었다. 우리는 그러므로 감자를 자연이 인간에게 준 가장 소중한 선물로 보아야 할 것이다. 티소M. Tissot[8]가 〈세상 사람들이 걸리는 질병에 관한 에세이Essai sur les maladies des gens du monde〉에서 밝힌 바도 이와 같다.

이 작물의 재배가 하루가 다르게 늘어나고 있기에, 모든 연령대의 시민들에게 이 조그만 책을 통해 감자를 경제적일 뿐 아니라 다채로운 방식으로 요리함으로써 즐거움을 느낄 수 있는 여러 방법을 소개하고자 한다.

감자를 선택하는 방법

다양한 종류의 감자가 있다. 그럼에도 우리는 이제까지 빨간 감자와 흰 감자로만 구분해왔다.[9] 감자는 종자로 기르면 다양한 종류를 형성하고, 재배하는 토질에 따라서도 품질이 크게 달라진다.

품질이 떨어지는 감자는 회색을 띠며 겉이 울퉁불퉁하다. 흰 감자가 가장 달콤하고 붉은 감자는 맛이 좀 더 다양한데, 가끔은 지나칠 정도다. 하지만 표면이 매끈하고 붉은빛이 선명한 것은 맛이 훌륭하며, 특히 길쭉한 모양새에 속살이 노란 것이 좋다. 모든 감사 중에서도 가장 훌륭한 감자는 보랏빛을 띠는 것이지만 이는 매우 귀하다.

보존하는 법

감자를 보관하기 전에 해야 할 일이 있다. 감자를 바람이 잘 통하는 곳에 두어 표면의 습기를 날려버리고, 껍질에 묻어 있는 흙을 털어내어 나쁜 맛이 나지 않게 해야 한다. 싹이 난 것은 싹을 제거하여 가장 먼저 먹어야 하며, 상한 것은 바로 버려야 한다. 하나만 상해도 전체에 피해를 입힐 수 있기 때문이다.

또 한 가지 반드시 주의해야 할 점이 있다. 감자를 밀폐된 공간에 두었을 때, 이따금 이 감자들을 뒤적여주어야 한다는 것이다. 이렇게 하면 감자 무더기 안쪽에까지 공기가 들어가면서 감자를 크게 변질시킬 수 있는 내부 발효 작용을 막는다. 적은 양을 보존하기 위해서는 습기 차지 않은 지하실에 널빤지나 긴 짚단을 깔고 그 위에 감자를 놓은 다음, 이를 다시 짚으로 덮어야 한다. 특히 봄이 가까워질 때 자주 뒤적여주어야 하며, 혹시 싹눈이 나오는 것이 보이면 창고로 옮겨 손끝으로 제거해야 한다. 싹이 트게 내버려두면 톡 쏘는 불쾌한 맛이 생긴다.

감자를 익히는 법

감자는 물에서 쉽게 익는데, 물의 양과 상태에 따라 다를 수 있다. 물은 충분해야 하며 너무 펄펄 끓을 때 감자를 넣으면 안 된다. 감자가 뭉그러질 뿐만 아니라 맛을 상당 부분 잃기 때문이다. 또한 필요한 만큼만 익혀야 한다. 익히고 난 다음 날부터는 껍질을 벗기기 어려워지고 전분질도 그만큼 나오지 않기 때문이다. 품질이 서로 다른 감자들을 섞어서는 안 되며, 가능하다면 크기별로 모아 익히는 것이 좋다.

감자는 끓는 물의 증기로 익히는 것이 좋다. 솥에 물을 붓고 석쇠나 버드나무로 만든 체를 올린 다음 여기에 감자를 가득 채워 넣는다. 밤을 익힐 때처럼 뚜껑을 꼭 닫는다. 물은 점차 졸아들어 증기가 된다. 솥 안에서는 증기가 계속 유지되며, 솥 바닥에서도 증기가 올라온다. 이는 감자를 덥히고, 씻어내며, 맛을 떨어트리지 않으면서도 조금씩 익힌다.

재 밑에 넣어서 익혀도 맛있다. 지나치게 큰 경우에는 물에 반쯤 익힌 다음 아궁이âtre[10]에서 마무리하면 된다.

감자를 스토브poêle[11]에 넣어 구우면 먹기에 굉장히 좋지만, 이렇게 구운 감자는 껍질을 벗기기가 어려울뿐더러 껍질에 있는 잠이 오게 하는 성질[12]이 나쁘게 발현된다. 브종Besons[13]에서 감자를 이런 신중하지 못한 방식으로 먹었다가 온 가족이 수개월에 걸쳐 병증에 시달린 바 있다.

플랑드르Flamand[14]식으로 익히려면, 감자를 물 없이 단지에 넣고 잘 덮은 다음, 불 앞이 아니라 위에 올려놓는다. 불은 약하게 하고 뚜껑이 열리지 않게 하면서 흔들어준다. 뚜껑이 열리면 열기로 인해서 감자에서 뿜어져 나온 습기가 증발해버리기 때문이다. 감자가 잘 익으면 꺼내서 뜨거울 때 껍질을 벗기고, 원하는 대로 양념하면 된다.

알망드Allemande식[15]은 다른 방식들의 모든 좋은 점을 한데 모은 것이다. 뚜껑 덮인 단지에 감자를 넣고 익힌 다음 [뚜껑을 열어] 물을 따라낸다. 그러고서 다시 뚜껑을 덮고 열기에 말린다. 감자를 만질 수 있을 정도가 되면 바로 껍질을 벗기고 둥글게 썰되, 잘 마를 수 있게 아주 얇게 자른다. 어떤 양념이든 잘 어울리지만 양념 없이도 먹을 수 있다.

주

1 **미각을 자극하고 식욕을 돋구기 위해 마련된 요리. 비유적으로 욕구를 자극하고 돋우는 것을 의미하기도 한다.**

라구는 고기나 생선, 야채 등 고형의 식재료를 향신료, 부용bouillon(28쪽 각주 2번 참조)과 함께 조리하여 이들 재료에 자작한 국물이 곁들여지거나 아예 소스 형태로 완성된 요리를 말한다. 오랫동안 가열하여 만든다는 점에서 스튜stew와 유사하나 어원에 있어서는 큰 차이를 보인다. 스튜는 '뜨거운 물에 담근다'는 의미의 중세 불어 동사인 estuver가 식재료를 뭉근하게 익히는 조리 방식을 뜻하는 동사이자 그렇게 만든 요리를 뜻하는 stew로 변모하는 과정을 거쳐 만들어진 단어이다. 반면 라구는 '맛을 일깨운다'는 의미의 동사 ragouster가 (맛을 일깨우는) 요리라는 의미를 가진 ragoût로 명사화되면서 만들어졌다.

2 **학명 Solanum tuberosum. 모렐은 매우 흔한 식물로 가지속Solanum의 한 종이다. 트뤼프는 향이 매우 강한 식물로, 겉보기에는 땅속에서 줄기나 잎, 꽃, 뿌리도 없는 통통한 덩어리처럼 보인다.**

루이 15세의 전속 종자, 화훼 및 초본업자Marchand Grainier-Fleuriste & Botaniste였던 피에르 앙드리외가 프랑스에서 불린 식물의 프랑스어 명칭을 린네의 분류법에 따라 정리한 해설 도록은 가지과 가지속의 덩이줄기 식물인 '솔라눔 투베로숨solanum tuberosum'을 일컫는 프랑스어 명칭이 모렐 트뤼프morelle truffe라고 기록하고 있다. morelle은 가지속 식물이라는 뜻이고 truffe는 송로버섯을 의미한다. 16세기 후반의 과학자 올리비에 드 세르의 《농업의 현장과 토양의 관리Le théâtre d'agriculture et mésnage des champs》(1600)에는 흰 꽃을 피우는 '카르투플 cartoufle'이라는 작물이 등장하는데, 그는 이것이 "송로버섯truffe과 비슷한 모양의 열매를 맺어 혹자들은 그렇게 부르기도 한다"고 말한다. 카르투플이 현대 독일어에서 감자를 의미하는 Kartoffel과 형태적으로 유사하여 이것이 감자를 기록한 것이라고 보는 이들이 많다.

그렇다면 현대 프랑스어에서 감자를 나타내는 말로 주로 쓰이는 폼 드 테르pomme de terre라는 표현은 어디에서 온 것인가? 이 표현은 15세기부터 구근이나 덩이줄기를 형성하는 식물을 지칭하기 위해 사용돼왔다. 또한 18세기에 들어와서는 돼지감자topinambour, Helianthus tuberosus 역시 이 표현으로 지칭되는 경우가 다수 발견된다. 이렇듯 감자라는 명칭이 전혀 다른 대상을 동시에 지칭하는 혼란스러운 양상을 보이는 것은, 아메리카 대륙으로부터 감자와 돼지감자를 전래받은 당시의 유럽인들이 이들을 어떻게 분류해야 하는지 제대로 알지 못했기 때문이다.

3 **토피낭부르는 4~5삐에(130~160센티미터) 정도로 높게 자라는 식물로, 그 뿌리에는 여러 개의 덩이줄기가 생긴다. 덩이줄기 표면은 갈색이며 살은 흰색을 띤다. 이 덩이줄기를 식물의 이름인 토피낭부르라고 부르기도 한다. 먹기에 좋다.**

돼지감자는 명칭에 감자가 들어가나 앞서 설명된 것과는 전혀 다른, 국화과 해바라기속에 속하는 식물이다. 감자와 마찬가지로 덩이줄기 부분을 식용으로 사용하나, 꽃이 노란색이고 덩이줄기 모양새도 감자와 달리 길쭉하고 비정형적이어서 오히려 생강과 유사하다. 돼지감자의 영어 명칭은 '예루살렘 아티초크'이나 감자와 마찬가지로 아메리카 대륙에서 전래되었으며 아티초크는 엉겅퀴가 속해 있는 키나라Cynara속이라는 점에서 예루살렘과 아티초크 그 어느 쪽과도 관련이 없다.

4 저자가 왜 이런 이야기를 덧붙였는지는 분명치 않다. 돼지감자 역시 볶거나 끓여서 감자나 당근 등과 같이 요리해 먹을 수 있다.

5 앙팡트루베 병원은 1638년 사제로서 다양한 구호시설을 설립했던 뱅상 드 폴(빈첸시오 아 바오로)이 세운 시설이다. 유기된 아동들을 위한 최초의 구호시설이었던 이 병원은 여러 차례 위치를 옮긴 끝에 파리 동쪽 성곽 밖의 포부르 생탕투안Faubourg St. Antoine에 정착하여 자비의 수녀회Filles de la charité에 의해 운영되었다. 이후 고아 수가 늘어나면서 1672년 파리 노트르담 대성당 맞은편에 추가로 수용시설 및 기도당이 신축되었으나, 이 시설은 프랑스 혁명기에 폐쇄된 뒤 19세기 노트르담 대성당 광장이 확장되면서 철거되었다. 포부르 생탕투안에 있던 병원은 계속해서 고아들을 위한 시설로 유지되었고 현재는 아르망-트루소 병원으로 이름을 바꾸어 소아과 특화병원으로 운

영되고 있다.

여기서 언급되고 있는 실험은 18세기 계몽주의자들이 이러한 유기 아동들에 대한 영양 공급원을 찾기 위해 시도했던 수많은 실험 중 하나를 가리키는 것으로 보인다. 1680년경 890명이었던 앙팡트루베 병원의 원아 수는 1760년에는 5,000명으로, 1772년에는 7,000명으로 가파르게 증가했다. 따라서 영유아들의 영양 공급원을 새로이 개발하는 것이 시급한 과제로 떠올랐는데, 특히 이른바 '인공 모유'의 개발은 1788년 왕립의학협회가 2,000리브르의 현상금을 내걸 정도로 중요한 작업이었다. 다만 이러한 실험은 인구 증가가 국가 번영의 원동력이라는 출생주의populationnisme에 따라, 고아들을 국가에게 '유용한' 방식으로 활용하려는 정책의 일환이었다. "태어나자마자 국가의 품에 버려져 어머니는 몰라도 조국은 아는 아이들, 이들은 조국에게 가장 쓸모 있는 방식으로 소속되어 활용될 의무가 있다"는, 계몽주의자이자 자선가, 의사였던 클로드 윔베르 피아롱 드 샤무세의 주장은 이러한 시각을 단적으로 드러낸다.

6 이 책에 등장하는 farine과 fécule은 영어로는 각각 flour와 starch에 해당하는 단어이다. 파르망티에는 〈감자에 대한 화학적 검토Examen chymique des pommes de terre〉에서 감자가루farine de pomme de terre를 얻는 방법을 다음과 같이 기록하고 있다. "감자가루를 얻는 확실하고 유일한 방법은 내가 보기에 감자를 말려서 가루를 내는 것이다. (중략) 나는 감자의 껍질을 벗기고 아주 얇게 자른 다음 종이 두 장에 끼워 너무 높지 않은 열에 노출시켰다. 표면이 다소 변색되기는 했지만 기대했던 것보다 훨씬 흰 가루를 얻을 수 있었다." 반면 감자 전분fécule은 감자를 갈거나 찧어 감자가 함유하고 있는 녹말을 침전시킨 것을 가루로 만든 것이다.

7 혁명 3년 제르미날 18일(1795년 4월 7일), 국민공회는 기존의 혼란한 도량형 대신 십진법에 의거한 미터법을 도입했다. 이후 혁명 8년 프리메르 19일(1799년 12월 10일) 미터와 킬로그램의 도량형 원기原器가 보급되었다. 구체제에서 질량을 나타내는 1리브르livre는 8그로와 16온스로 나뉘었는데, 새로운 도량형에서는 489.5그램에 해당한다. 따라서 1온스는 약 30.6그램에 해당한다.

8 사뮈엘 오귀스트 앙드레 티소는 스위스의 의사이다. 몽펠리에 대학에서 의학을 공부한 뒤 로잔에 정착하여 활동했다. 해당 저서는 1772년에 발표되었다. 그의 주요 저작으로는 수음이 건강에 끼치는 영향에 대한 논문인 〈자위, 수음이 초래하는 병에 대한 논문L'onanisme : dissertation sur les maladies produites par la masturbation〉이 있다.

9 앙투안 오귀스탱 파르망티에Antoine Augustin Parmentier는 1789년 출판한 〈감자와 파타타, 돼지감자의 경작과 사용에 대한 논문Traité sur la culture et les usages des pommes de terre, de la patate, et du topinambour〉에서 감자를 이렇게 분류한다. 1) 붉은 반점이 있는 크고 흰 종(또는 소의 감자 종) 2) 희고 길쭉한 종(또는 백색 아일랜드 종) 3) 노르스름하고 둥글며 평평한 종 4) 붉고 약간 긴oblongue 종 5) 붉고 길쭉한 종 6) 붉은 종(또는 생쥐, 소뿔 종) 7) 양파껍질 같은 종(또는 소의 혀 종) 8) 작고 노르스름하며 평평한 종 9) 붉고 길며 무늬가 있는 종 10) 붉고 둥근 종 11) 보라색 종 12) 작고 흰 종.

10 난로에서 불을 피우는 부분.

아궁이는 난로에서 연료를 태워 열이 발생하는 부분을 의미한다. 연기는 굴뚝cheminée을 통해 배출되고 열기는 아궁이의 뒷벽coeur에 반사되어 재료를 추가적으로 가열한다.

11 흙이나 주철로 만든 화덕의 일종. 나무를 넣어서 순식간에 방 전체를 따뜻하게 만든다.

역사적으로 식재료를 익히는 방법으로는 재료를 불에 직접 닿게 하여 로스트를 하거나 용기에 담아 끓이는 방법이 사용되었다. 많은 경우 연소되는 공간이 개방되어 있었지만, 이는 지나치게 많은 연기를 발생시키고 화재의 위험이 있었다. 결국 과학자들은 격실 내에서 연소가 이루어지는 방식의 가열 도구를 개발했다. 끓는 물의 증기로 익히는 다른 방법들과 달리 이 방법은 불에 바로 접촉시켜서 굽는 방식이다.

12 감자에는 솔라닌solanine이라는 물질이 있는데, 감자가 속한 가지속이 공통적으로 가지고 있는 독성 물질로 햇빛을 받으면 합성되는 물질이다. 아린 맛이 나고, 지나치게 많이 섭취하면 설사와 어지럼증, 마비 등을 일으키며, 이러

한 증상 이후에는 극심한 졸음을 초래한다. 감자에 있는 솔라닌은 특히 싹과 껍질에 집중되어 있는데, 가열하거나 물에 씻어도 거의 파괴되지 않는다.

13 파리 서북부에 있는 소도시인 브종Bezons을 의미한다.

14 현대 유럽에서 플랑드르는 벨기에를 구성하는 세 개의 지역 중 네덜란드어를 사용하는 북부 지역Vlaams Gewest을 의미하나 문화·지리적 맥락에서 플랑드르는 현재의 벨기에와 네덜란드의 일부, 프랑스 북부에 해당하는 지역을 가리킨다. 9세기경 프랑크 왕국하의 플랑드르 백국Comté de Flandre이 탄생한 이래, 플랑드르 지역에서는 북해와 대서양을 무대로 하는 해상교역이 발달하여 일찍이 브뤼헤Brugge, 헨트Ghent, 릴Lille과 같은 상업도시들이 형성되었다. 14세기 흑사병과 백년전쟁으로 인해 경제력이 쇠퇴하면서 플랑드르는 부르고뉴 공국의 지배 아래 들어가게 되는데, 이때 제일란트Zeeland, 홀란트Holland 등과 함께 이른바 '저지국Pays bas'으로서의 정체성을 형성하게 된다. 이후 부르고뉴의 공작 마리 드 부르고뉴가 막시밀리안 대공과 결혼하면서 플랑드르는 15세기 말부터 합스부르크의 통치권 아래에 놓였다가 신성로마제국이 수립된 뒤에는 제국의 일부가 된다. 그러나 16세기부터 스페인 출신 신성로마제국 군주들과 저지대 국가들 사이에 종교로 인한 갈등의 골이 깊어졌고, 이는 결국 80년에 걸친 네덜란드 독립전쟁으로 이어졌다. 이 전쟁의 결과로 북부 저지국 7개국은 1648년 베스트팔렌 조약에 따라 네덜란드 공화국으로 독립하나 플랑드르 등 남부 저지국은 그대로 스페인의 지배 아래에 남게 된다. 이어 프랑스-네덜란드 전쟁으로 플랑드르는 프랑스에 편입되었다가 스페인 왕위 계승 전쟁으로 인해 오스트리아에 편입된다. 이 책이 쓰여진 시기, 오스트리아령이었던 남부 저지국들은 1790년 이른바 '브라방 혁명'을 일으켜 브뤼셀을 수도로 하는 벨기에합중국États-Belgiques-Unis을 형성했다. 카미유 데물랭과 같은 인사가 《프랑스와 브라방의 혁명》이라는 잡지를 낼 정도로 프랑스 내 혁명 세력이 열렬하게 호응했음에도 벨기에합중국은 1년도 못 되어 오스트리아군에게 잔인하게 진압당한다.

15 프랑스어에서 독일을 나타내는 단어인 Allemagne와 그 형용사형인 allemande는 라인강 상류를 근거지로 하여 4세기에는 로마를 위협하는 게르만 부족

연맹 중 하나였던 알라마니Alamanni족을 그 어원으로 한다. 이들 알레마니족은 496년 프랑크 왕국의 클로비스와 현재의 쾰른 인근에 위치한 톨비아쿰Tolbiacum 전투에서 격돌하여 패배한 뒤 그 휘하에 들어가 메로빙거 왕국에 편입되고 이어 수에비족과 함께 슈바벤 공국을 형성하게 된다. 이후 911년 프랑크 카롤링거 왕조의 마지막 왕인 루트비히 4세가 후사 없이 죽자 작센, 프랑켄, 바이에른, 로트링겐 공국과 함께 독일 왕을 투표로 선출하는 5개 부족공국의 일원이 된다.

감자를 요리하는
다양한 방법

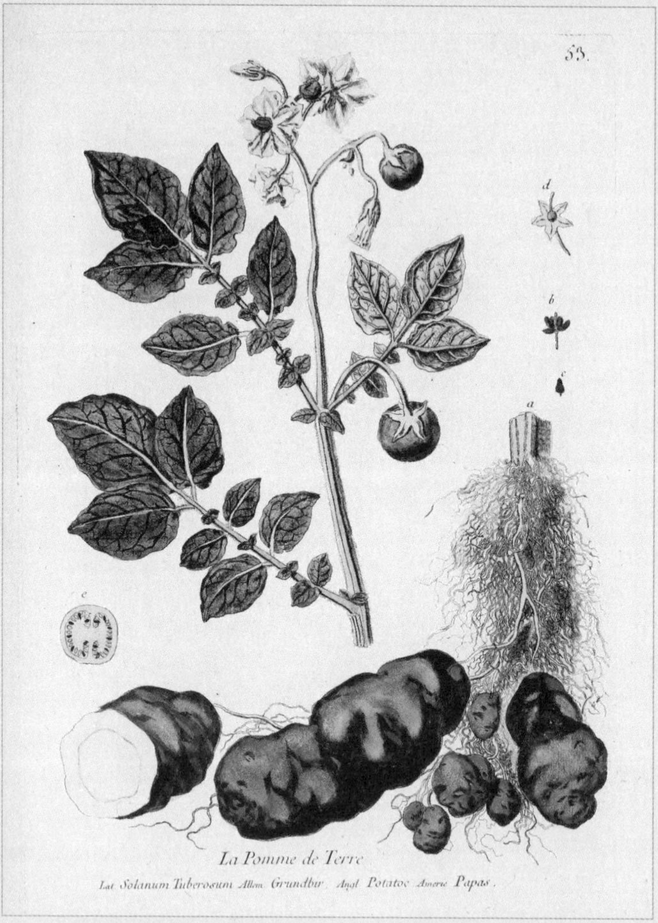

18세기 말 프랑스 화가 니콜라-프랑수아 르뇨Nicolas-François Regnault의 《누구든 이해할 수 있는 식물학La botanique mise à la portée de tout le monde》(1774) 중 '감자' 항목의 삽화.

소금을 곁들여 먹는 법

감자를 단순히 물에 넣거나 재 속에 묻어 익히면 껍질은 그야말로 저절로 벗겨진다. 소금 약간과 함께 따뜻하게 먹는다. 여기에 생버터를 조금 섞으면 맛이 더욱 오묘해진다.

1 스파이스 모둠의 일종이다. 문화권에 따라 특정한 허브나 스파이스의 조합이 사용되는데, 예컨대 중국요리에 쓰이는 오향분五香粉이나 인도 요리에 쓰이는 가람 마살라가 그것이다. 핀제르브에는 일반적으로 파슬리, 차이브, 타라곤이 포함된다. 이 허브들을 생으로 다져서 쓰기도 하고, 한데 묶어 부케bouquet로 만들어 쓰기도 한다(부케에 대해서는 60쪽 각주 2번을 참조). 차이브 또는 시불레트ciboulette는 부추속의 일종인 Allium schoenoprasum으로 흔히 '골파'라 번역된다. 너비가 1센티미터 정도 되는 비늘줄기에서 잎이 모여 나고 꽃은 보라색 또는 푸른색이다. 타라곤은 쑥속의 다년초다. 뿌리가 구불구불하여 마치 뱀과 같다고 하여 Artemisia dracunculus라는 라틴어 종명이 붙여졌다(dracunculus은 작은 뱀을 뜻한다).

샐러드로 만들어 먹는 법

감자가 익으면 잘라서 기름, 식초, 핀제르브fines herbes,[1] 소금, 후추로 양념을 한다. 기름 대신 버터나 크림을 넣을 수도 있다. 이 샐러드는 따뜻하게도 또는 차갑게도 먹는다. 감자에 기름, 식초, 소금, 후추를 넣고 노란 당근과 소시지 썬 것을 곁들여 샐러드로 먹기도 한다.

1 **왕공제후나 부유한 이의 식사에 관련된 사항을 관리하는 하인이다. 식탁에 직접 음식을 내가거나 이를 지휘한다.**

귀족문화가 고도로 발달하면서 17~18세기 들어 저술된 요리서들은 훌륭한 식사와 연회를 위한 메트르도텔의 중요성을 강조하면서 그 임무를 세세히 나열했다. 메트르도텔은 식사를 위해 메뉴를 구상하고 요리에서부터 서빙까지 총지휘할 뿐 아니라 필요한 물품의 구매 및 관리까지 도맡았다. 이러한 메트르도텔의 역할은 레스토랑이 일반화된 이후에도 주방과 서빙을 총괄하는 지배인에게 계승되었으며, 미국 레스토랑에서 메트르디Maître d'라고 불리는 수석 웨이터는 메트르도텔에서 그 어원을 찾을 수 있다.

'메트르도텔식'이라는 요리법은 세부적인 차이는 있으나 이 책에서도 그러하듯이 파슬리와 레몬즙, 후추 등으로 풍미를 낸 버터를 활용한다. 이러한 버터는 '메트르도텔 버터Beurre Maître d'Hôtel'라 불리며 그 요리법이 비교적 정형화되어 있다.

2 **음식이나 약으로 쓰기 위해 오랫동안 고기나 허브와 함께 끓인 물.**

부용은 끓인다는 의미의 동사인 bouillir에서 온 단어로 채소나 육류를 끓여 얻은 국물 또는 육수를 의미한다. 이 국물에 재료를 넣고 익히거나 소스나 수프의 베이스로 사용할 수 있다.

메트르도텔maître d'hôtel[1]식으로 요리하는 법

감자가 익으면 냄비에 좋은 버터 한 조각과 파슬리, 파, 소금과 함께 넣는다. 통후추도 넣는다. 불 위에 올린 다음 달걀노른자 두 개를 넣어 걸쭉하게 만들고 부용bouillon[2]과 식초 약간을 넣는다.

다른 방식

냄비에 감자와 함께 잘 다진 파슬리, 파, 셜롯, 버터를 넣는다. 여기에 소금, 통후추, 식초 약간을 넣고 덥힌 다음 식탁에 낸다. 버터 대신 기름으로 조리하여 낼 수도 있다.

1 밀가루를 버터 등 기름에 가볍게 익힌 루roux에 물이나 부용, 우유 등을 넣고 가열하여 만든 소스를 의미한다. 베샤멜 소스 등이 여기에 속한다.

흰 소스[1]를 곁들여 먹는 법

감자가 다 익으면 최대한 뜨거울 때 껍질을 벗기고 재빨리 썬다. 그런 다음 접시 위에 올리고 감자가루로 만든 흰 소스를 붓는다. 감자가루가 요리에 일상적으로 쓰이는 밀가루를 흔히 대체하는 것을 볼 수 있는데, 이것을 쓰면 덜 끈적끈적하고 덜 달라붙고 소화하기에도 좀 더 가벼운 흰 소스를 만들 수 있기 때문이다.

1 나네트는 프랑스어 이름 안느Anne의 애칭으로 자주 사용되지만 '나네트식'이 정확히 어떤 것이며 왜 이러한 이름이 붙었는지는 분명치 않다. 본서 이전에 이러한 요리법이 등장하는 요리서가 없기 때문이다. 다만 이 레시피는 이후 여러 요리서에 그대로 인용되고 있어 비교적 인기 있는 요리법이었음을 짐작케 한다.

2 1767년 출간된《요리와 서비스, 그리고 증류에 대한 휴대용 사전Dictionnaire portatif de cuisine, d'office, et de distillation》에서는 '기름진gras' 부용과 '기름기 없는maigre' 부용의 제조법이 별도 항목으로 구성되어 있다.

먼저 기름진 부용을 만드는 법은 다음과 같다. "소고기의 설도泄道, 송아지의 허벅지살, 지방을 제거한 양의 어깨를 준비한다. 차가운 물에 담근 다음 약간 끓인다. 거품을 걷어내고, 사용하려는 목적에 따라 가금류 고기도 좀 넣는다. 여기에 소금, 뿌리, 양파, 정향 등을 넣어 양념을 한다."

기름기 없는 부용을 만드는 법은 다음과 같다. "온갖 좋은 허브를 준비하고 두세 개의 빵 껍질과 함께 익힌다. 버터와 소금, 핀제르브를 부케로 하여 양념하고 잘 익고 나면 체에 거른다."

이 책에 기름진 부용과 기름기 없는 부용이 함께 등장하는 것은 익히려는 재료와 연출하려는 맛에 따라서 국물 요리를 만들 때 두 가지 부용을 요리사가 재량껏 사용할 수 있다는 의미로 해석된다.

나네트Nanette식[1]으로 요리하는 법

버터와 밀가루로 멋진 빛깔의 루를 만들고 기름진 부용[2]이나 식물 뿌리로 낸 부용을 붓는다. 여기에 익히지 않은 감자를 넣는다. 다소 작게 자른 것이어야 한다. 소금과 후추를 뿌리고 파슬리와 파 한 다발을 넣는다. 감자가 다 익으면 그대로 내면 되는데, 원하는 고기를 구워서 올려도 된다.

1 **투르트tourte를 익히는 데 사용되는 용기.**

투르트와 타르트tarte는 원형의 틀에 파이지pâte를 깔고 속재료를 넣어 익힌다는 점에서 유사하다. 그러나 일반적으로 투르트는 또 다른 파이지를 뚜껑couvercle처럼 덮어서 내고, 타르트는 속재료를 그대로 노출시킨다는 점에서 차이가 있다.

알망드식으로 요리하는 법

감자를 익힌 다음 껍질을 벗기고 얇게 자른다. 빵도 작고 네모나게 썰어 감자와 함께 버터에 튀긴다. 그런 다음 감자 전분을 우유에 잘 개어놓고 여기에 달걀노른자 한두 개와 소금을 넣는다. 이것을 튀긴 감자와 빵을 담아둔 접시 위에 붓는다. 색을 내고자 한다면 설탕가루를 뿌리고 투르티에르tourtière[1] 뚜껑을 덮는다.

1 **여러 종류의 생선들을 선원들matelots이 먹는 방식으로 준비하여 낸 요리.**

18세기 초 금속공예 장인인 앙투안-세바스티앙 뒤랑이 제작한 은제 접시 덮개. 접시 덮개에는 접시에 담긴 내용물과 관련 있는 사물들로 장식됐는데, 이 덮개는 해물을 주재료로 하는 마틀로트 수프를 담는 접시를 위한 것이어서 생선, 조개, 새우 등이 묘사되어 있다.

마틀로트Matelote[1]로 먹는 법

감자를 익힌 다음 껍질을 벗기고 얇게 자른다. 이 감자를 버터, 소금, 후추와 함께 냄비에 넣는다. 파슬리와 파는 잘 다져서 넣는다. 밀가루도 조금 넣는다. 여기에 기름진 부용 혹은 기름기 없는 부용을 붓고 좋은 포도주 한 잔 정도를 [요리의] 양에 따라 넣는다. 간단한 소스와 함께 낸다.

1 덜 익은 포도에서 추출한 산성 즙.

'초록색vert 즙jus'이라는 의미를 가진 버주스는 덜 익은 포도나 사과로 낸 즙을 의미한다. 버주스는 지중해 문화권에서 폭넓게 사용되었으며 《타유방의 요리서Le Viandier de Taillevent》, 《요리의 형태Forme of cury》 등 중세 유럽 요리서에서 스파이스의 맛 성분을 침출해내면서 산미酸味를 내는 식재료로 자주 언급된다.

버섯을 곁들여 먹는 법

감자가 다 익으면 파, 버섯, 셜롯을 잘게 썰어서 버터 한 조각과 함께 냄비에 넣는다. 냄비를 불 위에 올려놓고 밀가루 한 꼬집을 넣는다. 부용을 붓고 소금과 통후추를 넣는다. 끓이고 졸여서 소스를 만든다. 여기에 달걀노른자 두 개를 섞어 농도를 진하게 만든délayer 버주스verjus[1]나 식초를 붓는다.

1 **재료를 푹 고아 나온 즙을 체나 천으로 거른 것.**

재료를 푹 고아 나온 즙을 채나 천으로 거른 것. 채소나 과일과 같은 재료들을 으깬 다음 체 등에 걸러couler 농도를 높인 소스를 가리킨다. 본래는 고기를 가열하여 나온 육즙을 여러 차례 걸러 농도를 높인 것을 의미했다.

튀기는 법

감자 전분, 달걀노른자 두 개, 물로 반죽을 만든다. 여기에 기름 한 스푼, 증류주 한 스푼, 소금, 후추를 넣고 덩어리가 생기지 않을 때까지 잘 젓는다. 생감자를 껍질 벗겨 얇게 자른 다음 이 반죽에 담갔다가 보기 좋은 빛깔이 날 때까지 튀긴다.

다른 방법

감자를 물에 익힌 다음 퓌레로 만들어 소금, 후추, 핀제르브로 양념한다. 여기에 육즙coulis au jus[1]을 넣는다. 퓌레는 매우 빡빡해야 한다. 이를 동그랗게 빚어 달걀물을 입혀 튀긴다. 파슬리를 뿌려 식탁에 낸다.

다른 방법

퓌레를 거른 다음 여기에 좋은 크림과 소금, 약간의 설탕을 넣는다. 이를 위와 같이 동그랗게 빚어 앞선 요리법에 나온 반죽[감자 전분, 달걀노른자, 물로 만든 튀김 반죽]에 넣는다. 보기 좋은 빛깔이 날 때까지 튀긴다.

1 미리 익힌 고깃덩어리에 다양한 양념을 해서 만든 요리.

팬에 요리하는 법

버터를 두른 팬에 양파를 갈색이 될 때까지 볶는다. 반쯤 익힌 감자를 잘라 넣고 양파와 함께 완전히 익힌다. 기름진 부용 혹은 기름기 없는 부용을 붓는다.

다른 방법

감자가 완전히 익으면 껍질을 벗기고 얇게 썬다. 팬에 버터나 비계를 아주 약간 두른 다음 감자를 넣는다. 감자가 노릇노릇해질 때까지 계속 뒤적여주어야 한다. 소스 없이 내면 되는데, 시금치나 잘게 썬 소고기 또는 미로통miroton[1]을 곁들일 수도 있다.

프랑스 혁명 당시 폴란드-리투아니아 연방의 군주였던 스타니스와프 아우구스트 포니아토프스키Stanisław August Poniatowski의 초상화. 1764년 즉위한 스타니스와프 아우구스트는 대내적으로는 분열적인 귀족 정치와 대외적으로는 프로이센과 러시아 등의 개입 시도에 맞서 다양한 개혁을 추구했다. 그중 하나가 1791년 5월 3일, 개혁주의적 성향을 지닌 귀족 의원들로부터 지지받아 통과시킨 이른바 '5월 헌법'으로, 이는 1789년 미국 헌법과 함께 최초의 근대적 성문 헌법으로 평가된다. 때문에 그는 볼테르 등으로부터 계몽주의 군주라는 기대를 한 몸에 받았지만, 외세 개입으로 인한 두 차례의 폴란드 분할(1793년, 1795년)을 막아내지 못하면서 강제로 퇴위당했다. 상트페테르부르크에서 말년을 보내다가 1798년 사망했다. 이후 폴란드는 제1차 세계대전 종전 이후 제1공화국이 세워질 때까지 123년 동안 프로이센과 러시아, 오스트리아에 편입되어 지배받았다.

폴란드식으로 요리하는 법

생감자와 네 쪽 낸 커다란 양파 두 개를 길어 온 강물에 넣는다. 여기에 타임, 월계수잎, 바질, 정향, 소금, 통후추, 약간의 버터를 넣는다. 감자를 손가락으로 누르면 부스러질 때까지 다 함께 익힌다. 그런 다음 체에 걸러 물기를 빼고, 감자가 아직 따뜻할 때 껍질을 벗겨 두세 토막 정도로 썬다. 이 위에 흰 소스를 붓는다. 케이퍼câpres를 얹을 수도 있다.

《왕립군사학교 복권사업소의 유용하고 재미있는 연감Almanach utile et agréable de la loterie de l'École royale militaire》 중 '여성 요리사cuisinière' 항목에 실려 있는 삽화. 삽화에 딸린 글은 다음과 같다.

해가 바뀔 때마다
새로운 요리가 생기네
해가 바뀔 때마다
취향도 바뀌기 때문이지
새로운 라구가 매일 생겨나니
쥐스틴이여, 화학자가 되시오

가정주부maitresse de maison식으로 요리하는 법

질 좋은 감자를 골라 잘 씻는다. 불 위에서 끓는 솥에 넣어 익히되, 부용이 우러날 때까지는 넣으면 안 된다. 감자가 익으면 터지지 않도록 곧바로 불에서 내려야 한다. 감자를 너무 많이 넣지는 말아야 하는데, 감자를 많이 넣으면 고기 향이 날아가버리기 때문이다. 따뜻할 때 생버터를 곁들여 식탁에 낸다. 약간의 소금과 함께 먹는다.

1 돼지의 가죽과 살 사이에 있는 기름진 부분.

돼지의 뱃살 또는 등 부위에 분포한 지방 조직이나 이를 가열하여 추출한 기름을 뜻한다. 신장과 같은 내장에 있는 지방 역시 추출하고 정제하여 기름saindoux으로 활용한다. 삼겹살에서 지방층과 근육질을 함께 잘라 연기에 쬐고 소금에 절이면 베이컨이 되고 지방층만 얇게 저미면 바르드barde가 된다. 지방이 비교적 부족한 부위를 요리할 때에는 바늘을 사용하여 라드를 재료에 꽂아 넣기도 하고, 가금류 등을 요리할 때는 재료를 바르드로 감싸기도 한다.

2 앞서 설명한 라드에 대비되어 지방조직이 없는 근육질, 또는 살코기 부분은 기름 없는 부위partie maigre/lean meat라고 불린다. 지방층과 근육질이 교차하여 형성되는 삼겹살 부위를 '기름 없는 라드', 지방층이 두텁게 형성되는 등 부위에서 나온 순수한 기름을 '기름진 라드'라 부른 것으로 보인다.

라드를 곁들여 요리하는 법

버터[를 두른 팬]에 밀가루를 넣고 붉어질 때까지 익혀 걸쭉하게 만든다. 여기에 후추, 파슬리, 파로 만든 다발bouquet을 넣고 기름진 라드[1]와 기름지지 않은 라드[2]를 넣고 반쯤 익히다가 껍질 벗겨 썬 감자를 넣는다. 익으면 기름기를 제거하고 낸다.

하얗게 요리하는 법

감자가 익으면 껍질을 벗기고 썰어서 버터와 함께 냄비에 넣는다. 파슬리와 파도 다져서 넣는다. 한동안 익게 두었다가 우유를 붓는다.

16세기 플랑드르 화가였던 얀 만데인Jan Mandijn의 〈익살스러운 만찬Burlesque Feast〉.
아궁이에 걸어놓은 솥에서 국물 요리가 만들어지는 가운데, 꼬치에 꿰여 구워지고 있는 소머리 아래로 기름받이lèche-frite가 보인다.

넓적다리 고기gigot에 곁들여 먹는 법

중간 크기의 감자를 골라 익힌 다음, 불 가까이에 놓인 기름받이lèche-frite에 넣어 구워지게끔 둔다. 이렇게 하면 감자는 넓적다리 고기에서 떨어지는 기름기 속에 잠겨 육즙을 흡수하게 될 것이다. 따뜻할 때 꺼내 넓적다리 고기에 곁들인다.

그릴에 구워 먹는 법

가장 큰 감자를 골라 익힌 다음 껍질을 벗겨 두세 조각으로 자른다. 그릴에 올려 익히되, 불은 약하게 한다. 감자가 파삭하게 익을 것이다. 원한다면 기름을 조금 뿌릴 수도 있는데, 그러면 맛이 더욱 오묘해진다. 소금도 뿌리라.

1 **부용에 빵 조각을 담가 만든 요리.**

포타주는 일반적으로 '수프soupe'라고 번역되는, 육수나 채수에 여러 재료를 넣고 끓여 만든 국물 요리이다. 포타주는 이러한 요리가 일반적으로 만들어지는 솥pot을 어원으로 하지만, 수프는 후기 라틴어에서 '국물에 담근 빵'을 의미하는 suppa라는 단어를 그 어원으로 한다.

포타주[1]로 요리하는 법

감자의 껍질을 벗긴다. 이것을 퓌레가 될 때까지 물에 넣어 익힌다. 퓌레가 된 감자를 체에 거른다. 퓌레를 버터, 다진 쪽파와 파슬리, 소금, 후추와 함께 익힌다. 여기에 감자 삶은 물을 부어준다. 이렇게 하면 수프의 국물이 만들어져 일반적인 포타주처럼 빵을 적셔 먹을 수 있다.

1901년 3월 《르 프티 주르날Le Petit Journal》에 실린 삽화. 감자에 대한 프랑스 사회의 부정적인 인식을 전환하기 위해 국왕인 루이 16세에게 상의 단춧구멍에 감자 꽃을 달 것을 진언하고 있는 앙투안 파르망티에.

경제적으로 요리하는 법 A l'econome

감자를 익혀 껍질을 벗긴 다음 나무숟가락으로 잘 으깬다. 삶은 것이든 구운 것이든 모든 종류의 고기를 잘게 다지고 여기에 버터, 소금, 후추, 파슬리, 파, 다진 샬롯, 달걀 한두 개를 넣는다. 으깬 감자를 고기 양만큼 넣고 다 함께 섞는다. 이를 중간 크기의 공 모양으로 빚어, 위에 넣었던 달걀에서 남겨두었던 흰자에 담갔다가 밀가루를 뿌려 튀긴다. 파슬리를 곁들여 내거나 소스와 함께 낸다.

1 바리굴식은 1742년《코뮈의 재능Les Dons de Comus》이라는 요리서에 처음 등장한 이래 18세기 다양한 요리서에 기록되어 있다. 다만 이들 요리법은 거의 아티초크를 요리하는 방법으로 소개되고 있다: 아티초크 가운데 부분을 데친 다음 버섯, 쪽파, 셜롯 따위와 함께 포도주나 부용으로 뭉근하게 끓여서 완성한다.

2 부케는 여러 종류의 허브를 실로 묶은 것을 의미한다. 국물 요리의 조리 과정에서 향을 더하는 데 사용된다. 부케 가르니는 프랑스 요리에서 가장 자주 사용되는 부케 중 하나로, 요리사에 따라 세부적인 재료는 약간씩 차이를 보이기도 한다.《페랑디 조리용어 사전》에서는 "(파슬리와 쪽파 등을 넣은) 일반 부케에 타임, 월계수 잎, 마늘, 셀러리 등을 더한 것. 리크의 녹색 부분으로 감싸 주방용 실로 묶어 사용한다"고 정의하고 있다.

바리굴barigoulle[1] 방식으로 요리하는 법

중간 크기의 감자를 준비하여 익히지 않은 상태로 껍질을 벗긴다. 이를 기름지거나 기름기 없는 부용과 물에 넣고 좋은 기름 두 숟가락, 약간의 소금과 후추, 양파 하나, 뿌리, 부케 가르니bouquet garni[2]와 함께 끓여 소스가 될 때까지 완전히 졸인다. 감자가 다 익고 소스도 더 이상 남아 있지 않으면 기름에 튀길 때다. 아름다운 빛깔로 익으면 기름과 식초, 소금, 통후추로 만든 소스를 곁들여 식탁에 낸다.

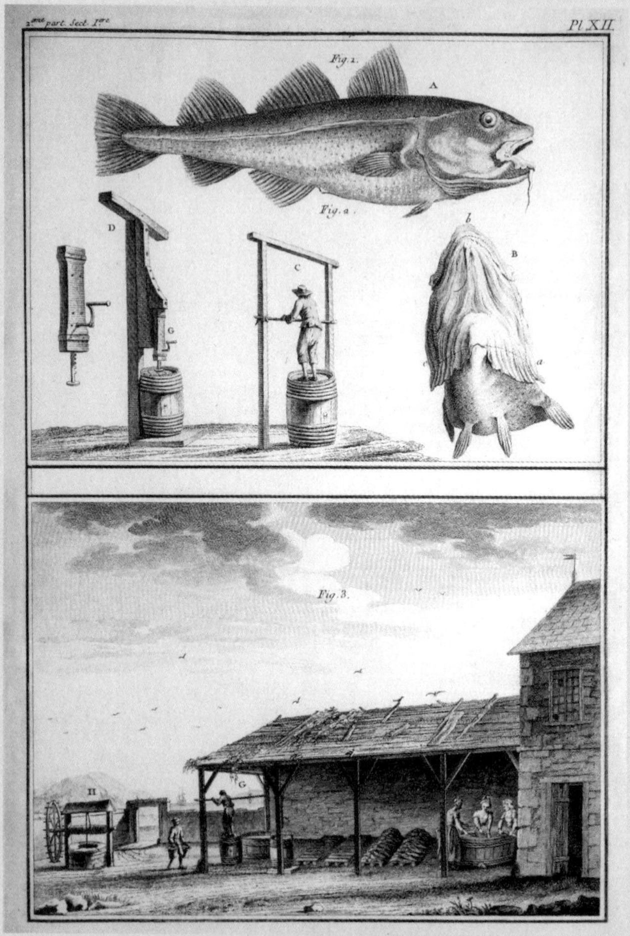

18세기 의사이자 선박 전문가, 식물학자였던 앙리-루이 뒤아멜 뒤 몽소Henri-Louis Duhamel du Monceau의 《어업일반개론Traité Général des Pesches》(1769~1782) 중 '대구 morue' 항목에 실린 삽화. 윗부분에는 막 잡아 올린 대구의 모습과 함께 대구를 보관하기 위해 통에 담는 모습, 아랫부분에는 잡아 온 대구를 다시 씻어서 말리는 모습이 묘사되어 있다.

대구에 곁들여 먹는 법

감자 껍질을 벗겨 물에 익힌다. 4분의 3 정도 익으면 대구 토막, 머리, 몸통 혹은 꼬리를 집어넣는다. 대구가 익으면 물기를 빼주는데, 감자도 마찬가지로 물기를 빼준다. 접시에 대구를 올려놓고 그 옆에 감자를 놓는다. 너무 크면 반으로 자른다. 버터 한 조각과 파슬리, 파, 다진 셜롯, 약간의 버주스나 식초, 통후추를 넣는다. 이 접시는 불 위에 놓고 계속 뒤적여주면서 따뜻하게 먹는다.

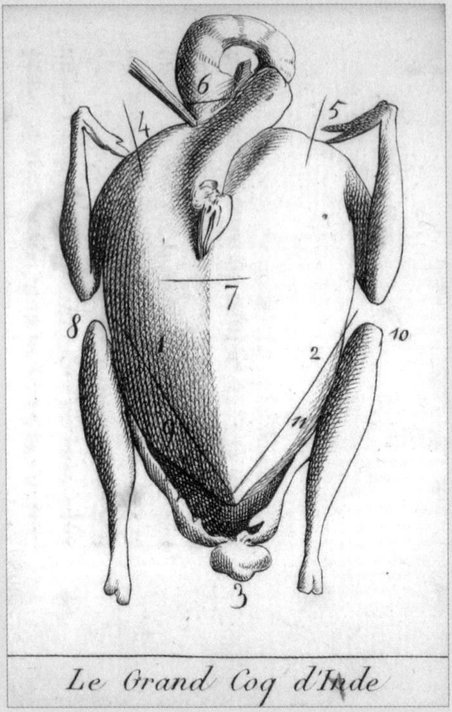

18세기 말 저술가이자 미식가였던 그리모 드 라 레니에르Grimod de La Reynière의 《접객 교과서Manuel des amphitryons》(1808) 중 칠면조를 해체하는 방식을 묘사한 삽화. 칠면조를 나타내는 프랑스어인 dinde는 유럽인들이 아메리카 대륙에서 들여온 칠면조를 두고 '인도 닭poule d'Inde'이라고 부른 데서 유래했다.

거위와 칠면조에 채워 먹는 법

작은 감자들을 생으로 껍질을 벗겨, 고기나 야채로 낸 즙에 익힌다. 감자가 다 익어 고기나 야채의 맛이 들면, 구울 새의 배에 집어넣는다.

1 **일반적으로 양고기와 무로 만드는 라구의 일종.**

현대 프랑스어에서 아리코haricot는 강낭콩Phaseolus vulgaris을 뜻하나, haricot 또는 harigot는 중세 불어에서 잘게 찢거나 썬다는 의미의 동사인 harigoter의 명사형으로 고기를 썰어 라구와 같이 뭉근하게 익힌 요리의 이름으로도 널리 사용되었다. 중세 프랑스 요리서인 《타유방의 요리서》에서 그 기록을 찾을 수 있으며, 현재까지도 적지 않은 프랑스 식당들이 메뉴에 올리고 있다.

아리코로 요리하는 법En Haricot[1]

감자를 반쯤 익혀 껍질을 벗긴다. 지나치게 크면 반으로 자른다. 양고기를 익힌 냄비에 감자를 넣고 무로 만든 수프처럼 완성하라.

1 페 드 논pets de nonne은 직역하면 '수녀의 방귀'라는 뜻이다. 버터와 설탕 등을 함께 녹인 다음 여기에 밀가루를 집어넣고 계란을 섞어 만든 파트 아 슈Pâte à choux 반죽을 기름에 튀겨 만든 음식이다 (이렇듯 반죽을 기름에 튀긴 음식을 베녜beignet 혹은 프리터fritter라고 한다). 다소 희극적인 이름의 연원에 대하여 벨에포크 시기에 활동했던 저널리스트들은 흥미로운 일화를 내세우고 있다. 먼저 장-카미유 퓔베르-뒤몽테유Jean-Camille Fulbert-Dumonteil는 현재 투르 근방에 위치한 마르무티에 수도원Abbaye de Marmoutier의 수녀가 식사 준비 중에 큰 소리로 방귀를 뀌고는 수치심에 반죽을 조금 뜯어 끓는 기름통에 던져 넣었는데, 이것이 잘 부풀어 맛있는 디저트가 되었고 그리하여 그 이름을 '수녀의 방귀'라고 부르게 되었다는 이야기를 전한다. 또 하나는 조르주 뒤보스크Georges Dubosc가 전하는 것으로, 이웃 간 사이가 나쁜 수도원에서 한 수녀가 화해를 위해 이 디저트를 전달했고, 평화를 뜻하는 페paix라는 단어가 와전되었다는 설이다. 이 요리법이 굳이 '수녀nonne'를 빼고 다만 페 만드는 법이라고 한 것은, 아마도 혁명 세력의 종교에 대한 적대적 시선에 기인한 바가 클 것이다.

2 **액체의 부피를 측정하는 단위로, 4분의 1 파인트pinte다.**

페[드 논] 만드는 법Pour faire des pets[1]

감자를 껍질을 벗긴 다음 물에 익혔다가 건조시킨다. 오랫동안 치대 반죽을 만든다. 이 반죽을 냄비에 놓고, 달걀 크기만 한 큼직한 버터 덩어리, 오렌지꽃물 한 티스푼, 설탕 약간, 소금 약간, 물 반 셉티에septier[2]를 넣고 한꺼번에 한소끔 끓인다. 달라붙을 정도로 빡빡하고 끈기가 생길 때까지 계속해서 저어준다. 그렇게 되면 바로 다른 냄비에 담은 다음 여기에 달걀 몇 개를 더 집어넣어 반죽이 맑지 않으나 부드럽게 만든다. 호두 크기의 작은 반죽 덩어리를 만든다. 반쯤 달군 기름에 반죽을 넣고 쉴 새 없이 뒤척여준다. 반죽이 잘 부풀고 색깔이 생기면 설탕가루를 뿌려 따뜻할 때 낸다.

1 **흙terre으로 만든 조리 용기로 모양이 둥글고 바닥이 평평하며 위로 올라갈수록 넓어진다. 또는 그러한 용기에 넣어서 만든 요리를 가리키는데, 대개 앙트레로 낸다.**

프랑스 요리에서 '테린'은 향신료를 혼합한 고기 등을 테린 용기에 넣고 익힌 샤퀴테리charcuterie[다양한 동물의 고기와 부속, 내장을 훈연, 염장 등의 방식으로 가공하여 만든 식품. 대표적인 샤퀴트리로 살라미, 베이컨, 파테 등이 있다]의 일종을 가리킨다.

경제적인 케이크 만드는 법

감자를 밤을 굽듯이 재 밑에 넣어 익힌 다음 껍질을 벗기고 퓌레로 만든다. 큰 테린terrine[1]에 이 퓌레를 1리브르 넣고 달걀노른자 여섯 개, 설탕가루 4온스를 넣는다. 이를 한데 치대다가 레몬껍질과 레몬즙, 여섯 개의 달걀노른자를 넣는다. 기름칠을 한 투르티에르에 넣어 케이크가 들러붙지 않게 한다.

1 18세기 중엽부터 식량 부족에 대한 대안으로서 감자가 제시된 이래, 과학자들은 감자를 가지고 이른바 '경제적인 빵pain économique'을 개발하려는 시도를 거듭해왔다. 프랑수아 뮈스텔François Mustel과 같은 학자들이 감자로 빵을 만드는 데 성공한 이후에도, 감자에 대해 부정적인 시각을 견지하던 이들은 감자빵이 결코 밀가루로 만든 빵과 같은 영양학적 가치를 갖지 못한다고 보았다. 이는 18세기 과학자들이 글루텐 성분에 대해 벌인 논쟁의 연장선상에 놓여 있다. 1745년 볼로냐 과학자 잠바티스타 베카리는 밀가루 성분이 '식물적'인 성분인 전분과 '동물적'인 성분인 글루텐으로 나누어진다고 주장했다. 밀가루에 물을 부어 반죽을 만들 때 탄성이 생기는 것은 단백질 성분인 글루텐이 물에 닿을 때 결합 구조를 바꾸면서 길쭉한 사슬 모양을 형성하기 때문인데, 베카리는 글루텐이 단백질 성분임을 예리하게 포착한 것이다. 이는 글루텐이 없는 감자의 영양학적 가치가 밀가루에 비해 열등하며, 따라서 감자빵이 밀가루로 만든 빵을 대체할 수 없다는 논리로 이어지게 된다. 이에 맞서 파르망티에와 같은 이들은 전분 성분이 글루텐 성분만큼 혹은 그보다 더 영양학적 가치가 있음을 역설하면서 다양한 실험을 통해 이를 입증하고자 했다. 결국 파르망티에는 밀가루를 감자 전분으로 대체하고 사워 도우까지 감자로 만드는 데 성공한 뒤 이러한 감자빵이 밀가루빵을 대체할 수 있다고 역설했다. 하지만 당대 프랑스인들과 제빵업자들은 빵에 전통적으로 부여되어온 상징성과 결별하기를 거부했고, 결국 감자로 만든 빵은 파르망티에를 위시한 과학자들의 집념에도 불구하고 제한적인 성공만을 거둘 수밖에 없었다. 이 책에 실린 레시피가 밀가루 반죽에 감자의 섬유질을 보충적으로 사용하는 정도에 머무르는 것도 이러한 맥락에서 이해할 수 있을 것이다.

감자빵[1] 만드는 법

빵을 만드는 사람들은 반이나 그 이상 감자를 넣을 수 있다. 감자가 따뜻할 때 나무 밀대로 으깬 다음 반죽과 함께 치대어 섞으면 된다.

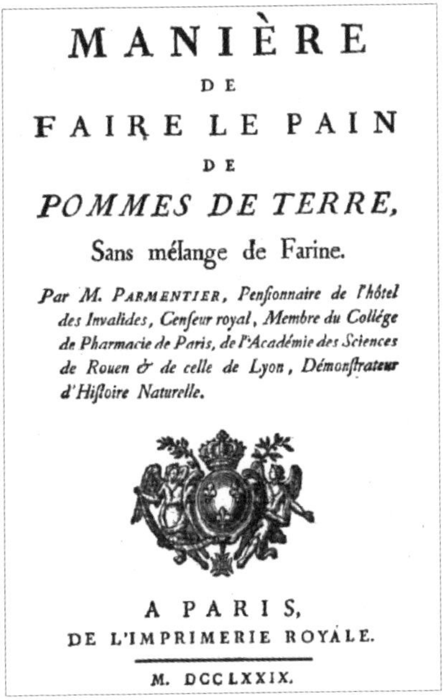

MANIÈRE

DE

FAIRE LE PAIN

DE

POMMES DE TERRE,

Sans mélange de Farine.

Par M. PARMENTIER, *Penſionnaire de l'hôtel des Invalides, Cenſeur royal, Membre du Collége de Pharmacie de Paris, de l'Académie des Sciences de Rouen & de celle de Lyon, Démonſtrateur d'Hiſtoire Naturelle.*

A PARIS,

DE L'IMPRIMERIE ROYALE.

M. DCCLXXIX.

파르망티에의 《밀가루를 전혀 사용하지 않고 감자로 빵을 만드는 법》(1779).

LOI

Relative à la culture de la Pomme de Terre.

Du 25 Nivôse an II.

ART. I.er LES autorités constituées sont tenues d'employer tous les moyens qui sont en leur pouvoir dans les communes où la culture de la pomme de terre ne serait pas encore établie, pour engager tous les cultivateurs qui les composent, à planter, chacun selon ses facultés, une portion de leur terrain en pommes de terre.

II. Les agens nationaux des districts où la pomme de terre ne serait pas encore en usage, sont tenus d'en donner avis dans le mois à la commission des subsistances, et de lui faire connaître leurs besoins pour les plantations de ce légume.

III. Le comité d'agriculture rédigera une instruction sur la culture, les espèces et les usages de la pomme de terre, pour être répandue dans les départemens.

혁명력 2년 눈의 달Nivôse 25일(1794년 1월 13일) 프랑스 국민공회가 공포한 「감자의 재배에 관한 법」.

"제1조. 정부기관은 자신의 권한 내에 있는 모든 수단을 동원하여 아직까지 감자가 재배되고 있지 않은 코뮌의 농부들이 자신의 능력에 따라 땅의 일정 부분에 감자를 심도록 해야 한다.

제2조. 아직까지 감자가 활용되고 있지 않은 디스트릭트의 요원들은 물자위원회에 이달 내로 보고하고 감자 재배를 위해 필요한 바를 알려야 한다.

제3조. 농업위원회는 감자의 재배와 종류, 그리고 사용법에 관한 지침을 작성하여 데파르트망에 전파할 것이다."

감자의 다른 활용법

감자 전분은 녹말이나 다른 전분과 마찬가지로 감자를 갈아 물에 녹여서 얻는다. 잘 씻겨 나오면 체에 걸러 찌꺼기를 분리한다. 바닥에 침전한 것을 말리면 바로 녹말을 얻을 수 있다. 그러나 이를 사람들이 직접 하는 경우는 드물고 거의 모든 식료품 장수들이 이를 도맡아 해준다.

19세기 화가 장-프랑수아 밀레의 〈암죽Bouillie〉(1861).

암죽 쑤는 법

감자 전분을 우유에 푼 다음 15분 동안 계속 저어가며 끓인다. 여기에 소금을 약간 넣는다. 원한다면 달걀노른자와 설탕도 넣을 수 있다.

1 **대개 포도주의 양을 측정할 때 쓰는 용기의 일종으로 그 용량은 반 파인트다.**

부피를 나타내는 도량형인 파인트와 초핀은 1795년 도량형 통일의 임무를 맡은 위원회가 그 결과물을 발표할 때까지 지역에 따라 제각각이었다. 1파인트는 파리식 계량으로 952.1밀리리터에 해당한다.

2 **1리브르의 4분의 1에 해당하는 무게.**

파리에서는 1리브르는 16온스이고 1795년 도량형 통일 당시 489.5그램에 해당하는 질량이었다. 즉 125그램이 약간 안 되는 정도의 설탕을 넣는 것이다.

감자 크림 만드는 법

우유 한 초핀chopine[1]을 준비하여 그중 반은 1콰트론quarteron[2]의 설탕과 함께 끓이고 다른 반에는 달걀노른자 세 개와 감자 전분 한 스푼을 넣고 끓인다. 한꺼번에 섞고 두세 소끔 끓고 나면 오렌지꽃물을 넣어 크림을 완성한다.

"근검절약은 자유로운 인민의 가치요, 매일의 희생은 자신의 권리를 위해 투쟁하는 이들의 전유물이니. 자유와 검소!"
공안위원회 위원 베르트랑 바레르 드 비외작Bertrand Barère de Vieuzac, 혁명기 급등하는 생필품 가격을 통제하기 위해 도입된 최고가격제에 대한 국민공회 보고에서.

감자의 사용기간을 늘리는 방법

이전에는 감자를 둥글게 잘라 발 위에 놓거나 햇빛 또는 불에 말리라는 제안이 있었다. 보관할 수는 있지만, 그렇게 하면 익을 때 좋은 맛이 나는 경우가 별로 없다. 잘 보관하려면 우선 소금 약간을 넣고 끓는 물에 익혀서 하얗게 만든 다음 썰어서 빵 만드는 화덕 위에 올려놓아 천천히 마르게 해야 한다.

감자는 건조하고 단단하며 뿔과 같이 투명해지며, 거의 모든 변질로부터 보호된다. 이렇게 보존된 감자를 사용할 때는 단지 안에 약간의 물을 넣고 익혀야 한다. 익으면 원하는 방식대로 사용하면 된다.

1 **이탈리아어에서 차용된 단어. 파스타의 일종으로 길고 가느다란 애벌레 같은 모양이며 이것으로 포타주를 끓여 먹는다.**

버미첼리는 이탈리아어로 애벌레 내지 지렁이를 의미하는 vermicello를 그 어원으로 한다. 15세기 시칠리아의 파스타 레시피를 집대성한 마르티노 다 코모의 《시칠리아식 버미첼리와 마카로니로 요리하는 기술에 대하여De arte Coquinaria per vermicelli e maccaroni siciliani》에서는 밀가루에 달걀흰자를 넣어 얇고 가늘게 만든 반죽을 손가락으로 부러뜨려 '애벌레처럼a modo di vermicelli' 만든 파스타를 버미첼리라고 한다. 그런데 이 책에 나오는 요리법은 이와는 달리 동아시아에서 생산되는 이른바 '당면唐麵'에 가까워 보인다. 녹두나 감자, 타피오카 등의 전분을 구멍이 뚫린 용기에 넣고 밀어내어 만든 동아시아의 여러 면은 서구 사회에 '버미첼리'라는 이름으로 한데 묶여 소개되었다.

2 리세 데 자르, 즉 기술학교는 1792년 샤를 고야르-데조드레가 창립한 기관으로, 과학자들이 자신들의 발견을 대중에게 발표하고 이를 실용적으로 활용할 수 있는 방안을 모색하는 것을 목적으로 하는 일종의 공공교육기관이다. 혁명기에 '평등의 정원Jardin Egalité'이라고 이름을 바꿔 단 팔레 루아얄 내에 위치했다. 설립자인 데조드레가 사무총장을 맡고 당대의 저명한 화학자들인 샤를르 푸크루아와 앙투안 라부아지에가 교장을 맡았다.

3 **화폐의 단위. 1리브르의 20분의 1이고 12드니에에 해당한다.**

혁명기의 가격과 현재의 가격을 비교하기란 자료의 부재와 인플레이션, 생활환경의 변화 등으로 인해 거의 불가능하고, 상대적인 가격으로 측정할 수밖에 없다. 파리에서 1789년 4리브르[약 2킬로그램]의 빵이 14수 6드니에 정도였다는 기록이 있다.

버미첼리Vermicel,[1] 또는 감자로 만든 쌀

감자를 풍부하게 수확한 이들에게는 리세 데 자르Lycée des arts[2]에서 그르네 동지가 소개한 장치를 사용해, 감자를 버미첼리로 만들 것을 강력하게 추천하는 바다. 원통형으로 생긴 강판의 일종으로, 여기에 증기로 익힌 다음 껍질을 벗긴 감자를 집어넣는다. 송곳처럼 자루가 달린 나무로 된 롤러를 강판 안에서 돌리면서 감자를 으깬다. 반죽이 구멍에서 나와 종이 위에 떨어지면 오븐 근처에 있는 판자나 다른 따뜻한 곳 위에 올려놓는다. 이틀 내에 버미첼리는 잘 말라서 수년간 쓸 수 있게 된다. 부러뜨리고 체에 쳐서 감자로 만든 쌀이라는 이름으로 먹는다.

같은 서점에서 리세 데 자르에서 인정받은 시민 그르네 동지의 보고서를 찾을 수 있다. 이는 쌀이나 버미첼리 형태로 감자를 보존하는 방법에 대한 것이다. 삽화가 곁들여져 있으며, 20솔sol[3]이다.

기계 역시 같은 서점에서 15리브르에 판매된다.

피에르-아드리엥-쥐스트 그르네가 쓴 책《감자를 쌀이나 버미첼리의 형태로 보존하는 방법에 대한 보고서》에 등장하는 장치. 감자를 대량으로 삶고 '원통형 강판' 장치로 눌러 뺀 다음, 햇빛에 말리는 과정이 묘사되어 있다.

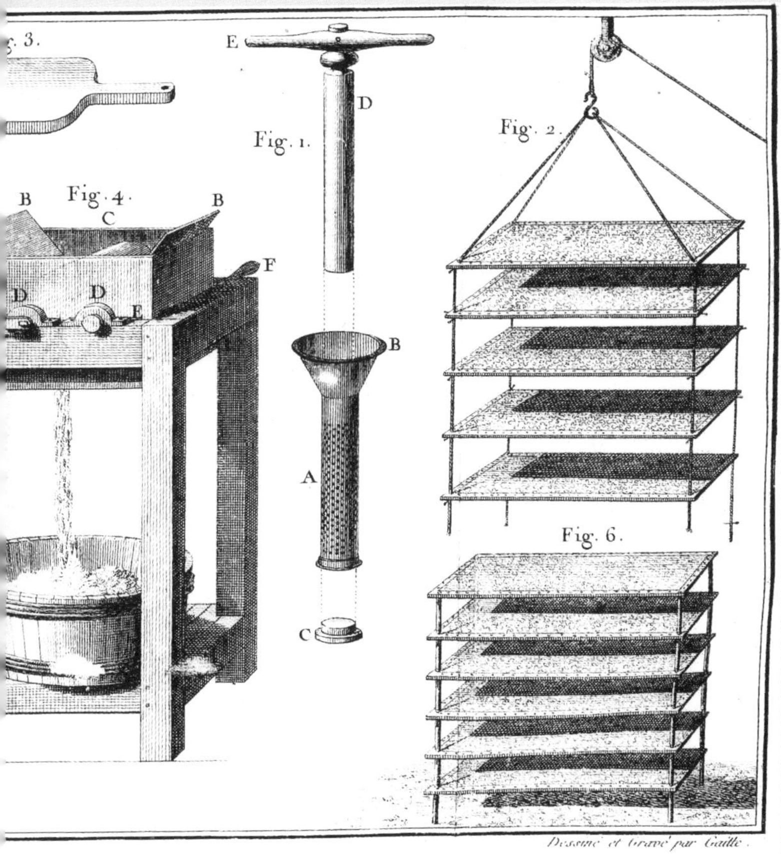

Dessiné et Gravé par Gaitte.

혁명의 맛, 감자의 식탁

《공화국 요리사》에 대한 소고

들어가며

1794년 7월 이른바 '테르미도르 반동'으로 로베스피에르를 비롯한 공포정치의 거두들이 기요틴의 이슬로 사라지면서 프랑스 혁명의 한 장이 마무리되었다. 얼마 뒤, 파리의 출판인 메리고는 《공화국 요리사La cuisinière républicaine》라는 한 편의 팸플릿을 출간한다. 프랑스 혁명과 그 결과물인 공화국의 이상이 제목에서부터 이글대는 이 저작은 감자에 대한 개괄적 설명으로 시작하여 감자의 보존법 및 감자를 사용하는 서른한 가지의 레시피를 제공한다.

감자라는 식재료가 도대체 혁명과 무슨 관련이 있단 말인가? 프랑스 혁명으로 세워진 '공화국'의 요리서는 왜 감자를 사용하는 요리법으로만 이루어져 있단 말인가? 여기에 답하기 위하여 먼저 '요리서'라는 장르가 어떤 목적의식으로 형성됐는지, 감자가 어떤 맥락으로 요리서의 역사에 등장했는지 알아보고자 한다. 여기에 덧붙여, 왜 이 책이 공화국의 '여성' 요리사들을 제목에서 호출하고 있는지에 대해서도 답하고자 한다.

요리서의 역사

프랑스 음식문화사를 서술한다는 것은 곧 요리서의 역사를 서술하는 것과 같다. 중세에서부터 현대에 이르기까지 프랑스에서 위대한 요리사들의 이름은 그들이 저술한 요리서들과 함께 기억되고 있다. 훌륭한 한 권의 책이 역사적 의의를 획득하게 되는 것은 낯설지 않은 현상이다. 그러나 이를 약간 다른 각도에서, 다시 말해 요리서를 쓴다는 기획이 요리사에게 갖는 의미가 무엇인지에 대해서 생각해보면 어떨까.

역사의 시작 이래, 요리사들은 부엌에서 직면하는 다양한 도전을 어떻게 해결했는지에 대한 지식을 쉼 없이 축적해왔다. 귀족문화가 만개하면서 화려한 연회든 일상 속의 식사든 한 인간이 무엇을 먹느냐는 곧 그들의 사회적 지위가 어떤지를 나타내는 가장 효과적인 지표가 되었고 요리사들은 자신들의 고용주의 영화榮華를 뒷받침하는 중요한 대들보 중 하나가 되었다. 여기에 귀족들이 아니었던 부르주아들 역시 자신들의 경제력을 바탕으로 그들이 선망하던 궁정 또는 귀족가의 음식문화를 발 빠르게 받아들이며 요리사들의 새로운 '고객'으로 등장하기 시작했다.

그러나 요리사들이 자신들의 기술과 역량을 총집결하여 음식을 연출하고 이를 요리서로 남긴 것은 고용주들의 영예를 드높이기 위함만은 아니었으며, 스스로의 예술적 완성도를 제고하기 위한 도전이라는 성격을 가진다. 선도를 유지하기 위하여 촌각을 다투어야 하는 다양한 식재료들에 대한 이해나 심미적 시각효과를

그리모 드 라 레니에르의《미식 연감Almanach des Gourmands》 제3호의 권두 삽화.
미식가들이 모여 음식에 대해 토론하는 모습을 묘사하고 있다.

연출하기 위한 고난도의 조리 기법, 온갖 돌발 상황을 극복하고 연회가 중단 없이 진행될 수 있도록 주방의 구성원들을 지휘하는 용인술. 요리사들이 그러한 지적 성취를 비기秘技로 남겨둔 것이 아니라 저술을 통해 영속적인 것으로 만들고, 이를 기반으로 요리에 대한 지식이 축적되어 학문적 완결성을 지니게 된 것은 프랑스 음식문화사의 중요한 특징 중 하나이다.

그 결과 요리사라는 직업은 비록 실질적으로는 귀족문화의 위계에서 귀족들 아래에 위치했을지언정 떳떳한 직업으로 자리 잡았고, 이를 보여주는 것이 '요리사'를 제목으로 하는 다양한 요리서다. 특히 17세기부터 혁명 전야까지, 프랑스에서는 귀족들에게 고용된 요리사들이 요리사cuisinier를 제목으로 내건 요리서 붐을 일으킨다. 프랑스 요리와 요리사들이 유럽 귀족문화에서 하나의 전범으로 자리 잡는 데 기여한 프랑수아 라 바렌의 《프랑스 요리사Le Cuisinier françois》는 최초 발간 뒤 선풍적인 인기를 끌며 영국 등지에서 번역되었다. 프랑수아 마시알로의 《왕족과 부르주아 요리사Le cuisinier roïal et bourgeois》나 뱅상 라 샤펠의 《현대 요리사Le cuisinier moderne》와 같은 책들도 뒤를 이었다.

물론 이러한 흐름의 시작은 잠재적인 고용주에게 요리사로서 자신의 '브랜드'를 알리겠다는 발상이었을 가능성이 높다. 그럼에도 불구하고 요리의 기술과 이를 실행하는 자신을 귀족 생활의 부속품으로 보는 대신, 요리 자체를 자신의 '창작물'로 보고 이를 저작으로 남기겠다는 발상은 곧 요리사 자신의 창조성에 대한 자의식에서 비롯한다. '새로운 것'에 대한 추구는 더 이상 귀족의 계급의식이나 허영에 복무하기 위함이 아니라, 요리사이자 예술가로서 자신의 완성을 위한 도전이며, 후대를 인도할 진보의 발자취를 남기기 위한 여정이 된다.[1] 이러한 '작가주의적'이라고 할 수 있는 흐름은 19세기 앙투안 카렘Marie-Antoine Carême을 거쳐 20세기 오귀스트 에스코피에Auguste Escoffier로 이어지게 된다.

이제 우리의《공화국 요리사》로 돌아오자. 이 요리서의 저자는 누구인지 특정되어 있지 않다. 몇몇 연구자들은 이 책을 출간한 출판인 죈 메리고의 어머니 메리고 부인이 저자였다고 추측[2]하지만, 정작 출판인은 시종일관 이 책이 단일 저자에 의한 저작이라기보다는 기존의 레시피들을 엮어서 낸 것이라는 태도를 유지하고 있다. 머리말에서부터 출판인은 "모든 나이의 시민들Citoyens de tous âges"에게 감자의 요리법을 알려주는 것을 목적으로 밝히고 있다고 하니, 그 독자층이 귀족 내지 그들에게 복무하는 이들이 아니라는 사실도 자명해 보인다. 그렇다면 왜 감자라는 식재료가, 프랑스 혁명과 그 전부터 계속되었던 전쟁과 특권계층의 사치로 인해 신음하고 있던 프랑스의 '시민'들을 위한 음식이 되었단 말인가?

신대륙에서 온 불청객, '빈자의 빵'이 되다

감자는 토마토나 초콜릿, 칠면조와 마찬가지로 이른바 '신대륙'이 유럽에 전해준 식재료 중 하나였다. 프란치스코 피사로가 안

데스 지방을 정벌하면서 인디오들의 낯선 뿌리작물을 목도한 이래, 여러 연대기 작가들이 '파타타patata'에 대하여 호기심에 찬 언급을 이어갔다. 그중 한 사람은 16세기 말 아메리카에서 선교와 과학탐구 활동을 동시에 벌였던 호세 데 아코스타José de Acosta 신부로, 그는 안데스 고원의 인디오들이 '파파스papas'라는 뿌리작물을 말려 '추뇨chuño'라는 가루를 만들고 이것으로 빵을 만들었음을 기록하고 있다. 최소한 기원전 3,000년부터 감자를 재배해왔던 이들은 감자 자체를 먹는 것을 넘어 감자의 녹말을 추출하는 방법까지 개발·상용화했던 것이다.

그러나 유럽인들의 상징계에 들어온 뒤 감자는 끊임없는 의구심, 심지어는 비난의 대상이 되었다. 이 작물이 송로버섯의 일부라고 생각한 이탈리아인들은 타르투폴리tartufolli라는 이름을 붙이는가 하면, 외양은 비슷하지만 전혀 다른 종인 돼지감자topinambour나 고구마와 혼동하는 사람들도 많았다. 감자가 나병의 원인이라거나 배에 가스를 차게 한다는 등의 소문은 가뜩이나 낯선 작물에 적대적이었던 농민들의 불안감을 부추겼다. 감자에 대한 불신은 지식인들도 예외가 아니어서, 18세기 유럽의 지적 역량이 총집결되었던 《백과전서》에서 감자는 "결코 쾌적한 음식은 아니나 그저 양분을 섭취하는 것 이상을 바라지 않는 사람들에게는 푸짐하고 건강한 먹거리"라는 혹평의 대상이 된다. 1748년 파리 고등법원이 감자 재배를 금하는 결정을 내린 것은 이러한 불신이 제도화되었음을 보여주는 상징적인 사건이었다.

혁명 전야의 프랑스를 설명함에 있어 "봉건제와 상업자본주의

앙투안 오귀스탱 파르망티에

의 최악의 특징 중 많은 것들이 뒤죽박죽으로 결합된 경제적, 사회적 무질서를 겪고 있었다"는 E. K. 헌트의 묘사만큼 정확한 것은 없다. 수차례의 무의미한 전쟁과 특권계층의 사치를 위해 프랑스 인구의 절대다수를 차지하는 민중들이 겪어야 했던 고통은 상상을 초월하는 것이었다. 18세기 지식인들 중 적지 않은 수가 이를 타개할 방법으로 식량 증산을, 그리고 이를 위해 감자의 유용성을 전파하고 그 활용법을 개발하는 데 매진했다.[3] 그러한 노력의 선봉에 서 있었던 이가 앙투안 오귀스탱 파르망티에다. 상이군인 구호시설이었던 앵발리드Invalides에서 근무하던 약사였으며, 7년전쟁에 참전하여 수차례 프러시아의 포로가 되었던 파르망티에는 생애 내내 감자의 재배와 요리법 보급에 자신의 지적 에너지와 네트워크를 총동원했다. 그는 〈감자에 대한 화학적 검토Examen chymique des pommes de terre〉를 비롯한 수십 편의 논문을 집필했고, 프랭

클린과 디드로, 라부아지에와 같은 당대의 명사들이 참석한 가운데 감자로만 만든 만찬을 대접해 감자에 대한 인식의 제고를 도모했다.

감자가 다수의 사람들에게 저렴하게 영양을 공급할 수 있어 유익하다는 공리적 당위는 혁명을 거치면서 미지의 작물에 대한 대중의 비이성적인 공포를 압도하는 데 성공했다.[4] 혁명으로 인하여 구체제의 구성원들은 물론이고 혁명을 시작하고 가장 적극적으로 가담했던 과학자들 중 적지 않은 수가 정치적 이유로 투옥되고 목숨까지 잃은 와중[5]에도 파르망티에나 그르네와 같은 과학자들이 감자 연구에 몰두할 수 있었던 것은 그러한 기획이 구체제[6] 뿐 아니라 혁명 세력에게도 중요한 것이었기 때문이다.

그러한 맥락에서 본서의 의의를 찾는다면, 감자가 미식gastronomie의 영역에서 갖는 잠재성을 최대한으로 끌어냈다는 점을 꼽을 수 있다. 이 책에 나오는 레시피들은 그 자체로 (파르망티에가 그러했듯이) 프랑스식 정찬을 꾸릴 수 있을 만큼 다양성과 완결성을 자랑한다. 구체제의 직역職役인 메트르도텔을 이름에 달고 있는 요리법은 전 시대의 음식 유산이 감자를 통해서도 충분히 구현될 수 있음을 웅변한다. 페pets와 같은 앙트르메나 감자 크림을 만드는 법은 감자가 그저 허기를 채우는 '빈자의 음식'이 아니라 착취적이지 않은 방식으로 미식과 삶의 즐거움을 추구할 수 있는 식재료임을 보여주려는 편집자의 의도를 짐작케 한다. 그리고 그런 요리법이었기에, 프랑스인들은 그토록 백안시하던 감자를 마침내 식탁에 올리고 자신들 미식의 일부로 삼게 된 것이다.

프랑수아 라 바렌, 《진정한 프랑스 요리사Le vrai cuisinier françois》(1651)의 표지.

검약의 추구, 그리고 여성 요리사

아닌 게 아니라 이 책 곳곳에는 감자의 경제성에 대한 흥분이 고스란히 담겨 있다. 레시피 자체에 '경제적인 케이크'라든가 '경제적으로 요리하는 법'과 같은 말이 쓰여 검약의 가치를 일깨우는가 하면, 빈민들을 위한 음식을 만드는 과정에서 개발된 감자빵, 그리고 '감자로 만든 쌀'이 등장한다. 그런데 한 가지 의문이 남는다. 왜 하필 이 책의 출판인은 제목을 '공화국 (여성) 요리사'라고 붙인 것일까?

앞서 이야기했듯 혁명 이전까지 프랑스에서는 다양한 요리서가 출간되었다. 그런데 혁명을 전후하여 적지 않은 요리서가 출간되었다는 점, 이들 요리서 중 여성 요리사를 의미하는 cuisinière라는 단어가 제목에 포함된 요리서가 여럿 발견된다는 점이 흥미롭다. 이 책과 함께 므농이 저술한《부르주아 요리사La Cuisinière bourgeoise》(1746)나 익명의 저자가 쓴《식도락의 지침, 또는 나의 요리사 이자보의 재능 공개Le manuel de la friandise; ou les talents de ma cuisiniére Isabeau mis en lumière》(1796), 그리고《제네바 요리사La cuisinière de Genève》(1803)와 같은 책들이 그것이다.

이미 절대 왕정기부터 여성 요리사들을 위한 책이 나오기 시작한 것은, 요리사 세계에 여성 요리사들이 늘어났기 때문이다. 그러나 같은 직종에 종사하는 남성에 비하여 여성들의 처지는 열악하기 짝이 없었다. 임금은 남성들에 비하여 훨씬 낮았고,[7] 고용주는 남성 요리사들의 고용주들보다 사회적 계급이나 경제적 능력의 측면에서 보잘것없었다.[8] 이는 처우의 문제를 넘어 여성/남성 요리사에게 차별적인 임무가 부여되었음을 의미한다. 즉 귀족의 호화로운 음식문화는 남성 주방장들에 의해서 수행되었고, 반대로 여성 요리사들은 고용주의 열악한 상황으로 말미암아 노동 과정에서도 보다 많은 경제적 제약에 직면했고, 결국 그들이 생산한 부르주아 음식에서는 검소함과 절약의 가치가 강조되었다는 것이다.[9] 제니퍼 데이비스와 같은 연구자들은, 혁명 이후 사회 및 문화의 모든 측면에서 왕정과 귀족의 잔재를 일소하고자 했던 '혁명적 애국주의자'들에게 이러한 이분법은 전자가 후자에 의해 대체되어야 한다는 당위까지 제공했으리라고 주장한다.[10]

물론 이러한 상징 정치는 전복적이면서 동시에 상투적이다. 린 헌트가 프랑스 혁명에 대한 기념비적인 저작에서 물었듯, "절대주의 체제가 가부장적 권위 모델에 의존해왔다면, 절대주의의 파괴 역시 가부장제의 파괴에 의존할 것인가? …… '자연적인' 가족 질서라는 해묵은 정당화 기제 없이 여성의 정치적 배제는 어떻게 유지될 수 있단 말인가?"[11] 귀족의 음식문화가 요리사들뿐 아니라 피고용자들에 대한 착취에 기반을 둔 가부장적 체제의 결과물이라는 진단은 유의미하다. 그러나 그것이 무너져 내렸을 때 이를 '대체'하는, 여성들이 요리한 소박한 '부르주아 음식'이라는 개념은 결국 여성이 가사를 전담하는 체제를 정당화·고착화하는 기제로 작용한다.

게다가 자유와 평등이라는 혁명 최대의 성취는 여성에게까지 돌아오지 않았다. 한 프랑스 여성 지식인이 탄식하였듯, "멸시는 더 명백해졌고 무시는 더 도드라졌다."[12] 가장 급진적인 혁명 세력인 산악파는 공화파 여성Républicaines이 "결코 말하려는 욕망을 품고 대중 집회에 참가해서는 안 된다"고 주장하는가 하면, 이 책이 출판된 공화국 3년, 산악파가 실각한 국민공회에서 "여성의 의회 방청과 모든 정치적 모임에의 참여를 금지하고 길에서 모이는 것마저 금하는"[13] 칙령이 통과되기에 이른다. '공화국 (여성) 요리사'가 공화국과 혁명에 복무하는 공간은 오로지 가정뿐이라고 공포된 셈이다. 무엇보다 여성들을 겨냥한 요리서를 저술한 요리사들은 거의 예외 없이 남성이었다. 요리서는 여전히, 여성들의 목소리를 전달하는 매개가 아니라 요리를 하나의 기예이자 창작물로 추구할 수 있었던 남성 요리사들이 여성을 계몽하기 위한 수단에 머물렀다. 여성 요리사들은 가사노동이라는 맥락 안에서만, 그리고 '검약'이라는 테두리 안에서만 그 노동의 의미를 인정받았다. 이는 여성이 가사노동이 아닌 임노동으로서 음식을 생산한 역사가 그토록 유구함에도 불구하고 지금까지도 이른바 '여성 셰프'의 존재감이 크게 드러나지 않는 이유를 일정 부분 짐작케 한다.[14]

나가며

프랑스 혁명은 당대인들의 문제의식과 의지가 집결되어 벌어진 역사적 실천이자, 바로 그 주역들의 상상력까지 훌쩍 뛰어넘어

버린 사변적 사건이었다. 역사의 거대한 분기점은 가시적인 차원뿐 아니라 가시적이지 않은 차원에도 거대한 균열을 남기고, 그 안을 살아가는 이들이 세상을 더 이상 같은 방식으로 바라볼 수 없게 만든다. 옮긴이가 이 책의 의의와 함께 이 책이 출판될 당시의 시대적 한계를 제시하고자 한 것도 바로 그런 이유에서다. 다름 아닌 제목에서부터 '요리사' 그리고 '여성'이라는 정체성과 함께 '공화국'의 가치를 소환하고 있는《공화국 요리사》를 읽는다는 것은, 자연스럽게 그 공화국이 누구를 위한 것이며, 누구에 의한 것이며, 누구의 것인지에 대한 질문으로 이어지게 된다. 이는 프랑스 혁명 제130주년을 맞아 그 자장 속에 살아가면서 그 의미를 재발견하고자 하는 모든 이가 가져야 할 문제의식일 것이다.

요리서의 역사, 그리고 감자라는 새로운 발견에 대한 계몽주의자들(과 그들의 후예인 프랑스 혁명 세력)의 흥분된 낙관을 겹쳐놓고 보면 이 책의 의의는 분명하다. 감자라고 하는 식재료 자체를 하나의 '가치의 공동체'의 상징으로, 다시 말해 '공화국'의 음식으로 의미 짓는 것. 감자라고 하는 식재료를 매개로 생계를 넘어 하나의 '문화'로서 미식이 모든 '시민'에게 확장될 수 있도록 한 것. 이것이야말로 계몽주의적 기획으로서 프랑스 혁명이 공동체 구성원들의 삶을 바꿔놓으려고 한 대목이 아닐까. '무엇을 먹는가'의 문제가 가지는 정치성에 한 공동체가 이토록 민감했던 때가 또 있었을까.

온갖 만물상 식式 지식들이 상호 검증되지 않은 채 마구잡이로 유통되는 가운데 역설적으로 '음식'과 '먹기'가 어떤 사회적 맥락

내에서 이해되어야 하는지의 문제는 뒷전으로 밀려난 지 오래다. 백수십 년 전 프랑스에서 쓰이고 읽혔던 한 요리서를 번역하고 주석을 달아 한국의 독자들에게 내놓는 것은 다른 시공간에서 무엇을 그리고 어떻게 먹었는지의 문제가 지금 우리의 그것을 어떻게 상상할지에 대한 실마리이자 자극이 되기를 바라는 마음에서다. "당신이 먹는 것을 말해주면 당신이 누구인지 말해주겠다 Dis-moi ce que tu manges : je te dirai ce que tu es"는 장 앙텔므 브리야-사바랭Jean Anthelme Brillat-Savarin의 격언은 그렇게 다시 한 번, 구체적인 단단함을 획득한다.

'취향'과 '기호'를 뛰어넘어, 맥락 속에서 먹고 감각하는 공화국 시민의 줏대를 위하여!

주

1 마리 앙투안 카렘의 《19세기 프랑스 요리의 예술》 중 한 문단은 이러한 강렬한 자의식을 보여주는 좋은 예이다. '샹보르식 붕어 요리'를 혁신한 레시피를 소개하며 앙투안 카렘은 다음과 같이 말한다. "이제 나의 동료들은 내가 19세기 프랑스 요리에 남긴 진보의 분명한 증거를 보고 있다. 이 새로운 작품이 요리 예술에 있어 진보의 방향을 정해야 한다고 말하는 것은 아니다. 요리의 기술에 재능이 있는 사람이라면 분명 새로운 것을 창조할 수 있을 것이다. 그러나 그것은 나의 작업에서 영감을 얻은 것이리라. 이러한 위로가 되고 스스로에게 영광된 생각이 요리의 창조라는 고단한 직업에서 나를 지켜준다." Carême, Marie-Antoine, *L'art de la cuisine française au XIXe siècle : traité élémentaire et pratique*, 1833, p. 188.

2 대표적으로 19세기 초 사서이자 서지학자였던 앙투안-알렉상드르 바르비에나 조르주 비케르가 있다. 이러한 추정이 힘을 얻은 이유는 바로 바르비에가 익명 출판물을 정리한 자신의 카탈로그에서 해당 작품의 저자로 '메리고 부인'을 지목하고 있기 때문이다. 그런데 바르비에는 왜 그러한 지목을 했는지에 대하여 별다른 설명을 남기고 있지 않다. A. A. Barbier, *Dictionnaire des ouvrages anonymes*, P. Daffis, 1874, p. 144를 참조. 이에 대하여 회의적인 시선을 가지고 있는 입장에 대해서는 E. C. Spary, *Feeding France: New sciences of food, 1760–1815*, Cambridge University Press, 2014, p. 193 참조. 스페어리는 아예 이 책 마지막에 등장하는 과학자 그르네가 저자였을 수 있다는 추측을 내놓고 있다.

3 예컨대 감자를 익혀 퓌레로 만들거나 전분을 추출하여 반죽에 넣는 방식으로 빵을 제조할 경우 밀가루의 사회적 사용량이 크게 줄어들 수 있다는 점이 집중적인 연구와 홍보의 대상이 되었다. 이에 대한 당대 문헌으로 프랑수아 뮈스텔의 저작 《감자와 경제적인 빵에 대한 보고Mémoire sur les pommes de terre et sur le pain économique》(1767)를 참조.

4 파르릭 랑부르는 19세기 초반부터 앙드레 비아르의 《황실 요리사Le Cuisinier

Impérial》(1806)나 앙투안 보빌리에의 《요리사의 기술L'art du Cuisinier》(1814)와 같은 요리책에 다양한 감자 요리법이 소개되어 있으며 나아가 파리의 주요 레스토랑에서 감자 요리가 선보여지고 있었다고 기록하고 있다. 파트릭 랑부르, 《프랑스 미식과 요리의 역사》, 김옥진·박유형 옮김, 경북대학교출판부, 2017, 183~184쪽 참조. 또한 계몽주의자들과 감자의 관계에 대해서는 이영목, 〈미심쩍고 수상한 미지의 작물: 프랑스 계몽주의와 감자의 권리 선언〉, 안대회·이용철·정병설 외, 《18세기의 맛》(문학동네, 2014)을 참조할 수 있다.

5 이른바 '공포정치' 기간 동안 프랑스왕립과학원Académie des sciences 회원들 중 투옥되거나 목숨을 잃은 이들을 추적한 도린다 우트럼은 1792년부터 1795년까지의 기간 동안 20명의 과학원 회원이 목숨을 잃었다고 기록한다. D. Outram, *The ordeal of vocation: The Paris Academy of Sciences and the Terror, 1793–95*, History of science 21(3), 1983, pp. 251~273 참조.

6 혁명 직전 프랑스 왕실은 '감자 프로젝트'를 지원하는 여러 가지 조치를 취했다. 루이 16세는 "빈자들을 위한 빵을 발견한 데 대하여 프랑스가 그대에게 감사할 날이 올 것이오"라며 파르망티에를 상찬했으며, 그에게 감자를 재배할 수 있도록 왕실 토지의 일부를 내주었고, 감자 꽃을 상의 단춧구멍에 꽂고 다님으로써 감자 보급에 대한 지지를 상징적으로 보여주었다. P. Burnat, *Antoine Parmentier : bicentenaire de la mort d'un pharmacien des armées illustre*, Actu GORSSA, 2013 참조.

7 Girard, A. Le triomphe de "la cuisinière bourgeoise", Livres culinaires, cuisine et société en France aux XVIIe et XVIIIe siècles, In: Revue d'histoire moderne et contemporaine, tome 24 N°4, Octobre-décembre 1977. pp. 497~523 참조. 지라르에 따르면 대귀족의 저택에서 요리사로 일할 경우 그 연봉은 300리브르였고 메트르도텔의 경우에는 500리브르 정도였던 반면, "지방의 소귀족"에게 고용된 여성 요리사들의 연봉은 90리브르 정도였다.

8 므농의 《부르주아 요리사》는 "대귀족이나 엄청난 부를 가진 사람"과 대비되는 "신분이나 재산에 있어서 보잘것없는" 사람들을 위해 이 책이 쓰였다고 언급한다.

9 한 예로, 18세기 문필가이자 《백과전서》 프로젝트의 참여자였던 샤를 뒤클로는 "남자 요리사들을 볼 수 있는 것은 가장 지체 높은 귀족들의 저택뿐이었고 행정관들의 반 이상은 여성 요리사밖에 없었다"고 기록하고 있다. C. Duclos, Mémoires sur la vie de Duclos, par lui même 참조.

10 Davis, J. J., *To Make a Revolutionary Cuisine: Gender and Politics in French Kitchens, 1789–1815*, Gender & History 23(2), 2011, p. 303.

11 Hunt, L., *The Family Romance of the French Revolution*, Berkeley, 1995, pp. 4~5.

12 올랭프 드 구주, 《여성과 여성 시민의 권리 선언》, 박재연 옮김, 꿈꾼문고, 2019, 32쪽.

13 앞의 책, 118~120쪽.

14 2019년 미슐랭 가이드에서 '미슐랭 별'을 하나 이상 수여받은 26개의 레스토랑 중 여성이 헤드 셰프를 맡은 곳은 세 곳뿐이며, 미슐랭 별을 3개 받은 프랑스 식당 중 여성이 셰프를 맡고 있는 식당은 단 한 곳뿐이다. 영국 통계청에 따르면 영국 내 식당에서 셰프 직책을 맡고 있는 남성의 숫자는 135명으로 여성(24명)에 비해 다섯 배가 넘는다.

공화국 요리사

혁명의 시대, 계몽의 감자

초판 1쇄 발행 2019년 10월 25일

옮긴이	황종욱
펴낸이	박성경
편집	신수진, 차소영
디자인	민혜원

출판등록	2009년 5월 4일 제2010-000256호
주소	서울시 마포구 월드컵로28길 6(성산동, 3층)
전화	02-326-3897
팩스	02-337-3897
메일	tabibooks@hotmail.com
인쇄·제본	영신사

ISBN 978-89-98439-74-3 93900

값 14,000원

— 이 도서의 국립중앙도서관 출판예정도서목록(CIP)은 서지정보유통지원시스템 홈페이지(http://seoji.nl.go.kr)와 국가자료종합목록 구축시스템(http://kolis-net.nl.go.kr)에서 이용하실 수 있습니다. (CIP제어번호 : CIP2019038910)